Made in the USA
Monee, IL
11 June 2022

97816947R00070